NOTICE HISTORIQUE ET ARCHÉOLOGIQUE

SUR

L'ÉGLISE DE NEUVY-SAINT-SÉPULCHRE

(INDRE),

PAR L'ABBÉ CAILLAUD,

VICAIRE GÉNÉRAL DU DIOCÈSE DE BOURGES, PRÉSIDENT DE LA COMMISSION ARCHÉOLOGIQUE DU CHER.

En prenant aujourd'hui la parole pour la première fois dans cette réunion des Sociétés savantes, en venant traiter, devant les célébrités de la science, une question archéologique, moi qui, étranger par mes occupations habituelles à ce genre d'étude qui me sourirait, n'ai le loisir d'y consacrer que quelques rares instants, je sens le besoin de réclamer votre indulgence, et c'est avec une profonde conviction que je la réclame. Dans la douce confiance qu'elle ne me sera pas refusée, je viens, Messieurs, vous dire quelques mots d'une église du diocèse de Bourges qui est classée au nombre des monuments historiques, de l'église de Neuvy-Saint-Sépulchre, chef-lieu de canton du département de l'Indre, espérant que la valeur archéologique de ce monument et l'intérêt historique qui s'y rattache, faisant oublier l'imperfection de mon travail, mériteront d'obtenir un instant votre bienveillante attention.

De prime abord je m'étais proposé de vous donner de cette église une description archéologique aussi complète que possible, mais j'ai pensé que cette description m'entraînerait dans une foule de détails qui n'auraient pour vous qu'un très-médiocre intérêt, et qu'il était préférable de n'appeler votre attention que sur ce qui était plus digne de remarque. Je me bornerai donc à vous exposer rapidement à quelle époque cette église a été fondée, sur quel modèle elle a été bâtie, comment le cloître dont elle fut entourée devint bientôt une véritable place forte, et enfin, ce qui m'a paru plus extraordinaire, comment pendant les guerres du XIIIe et du XIVe siècle, les habitants de Neuvy vinrent plusieurs fois se réfugier sur les voûtes de l'église, et y transportèrent leurs lits, leur blé, leur vin et, pour me servir de l'expression d'une charte de l'époque, toute leur garnison de ménage.

I. Époque de la fondation de l'église de Neuvy-Saint-Sépulcre.

La date précise de la fondation des églises du Berry est rarement connue[1]. Comme l'église de Neuvy fut bâtie sur le modèle de l'église du Saint-Sépulcre de Jérusalem, ce fut un événement qui fit bruit à cette époque, et dont on parla au loin. Les chroniques de quatre provinces voisines en font mention.

« En 1042, dit la chronique de Limoges, une église du Saint-Sépulcre fut fondée en Berry sur le modèle de celle du Saint-Sépulcre de Jérusalem, en présence d'Eudes Ruffo, seigneur du château de Déols, et de illustre homme Boson de Cluis, sur le domaine duquel est situé le lieu déjà appelé Neuvy. »

« Cette année (1045), dit la chronique d'Angers, fut construite l'église du Saint-Sépulcre en Berry, par Geoffroy, vicomte de Bourges. »

« En ce temps-là (c'est-à-dire de 1034 à 1049), dit la chronique d'Autun, fut construite en Berry l'église du Saint-Sépulcre sur le modèle de celle de Jérusalem. »

« La sixième année du règne de Henry comme empereur et la quinzième année de son règne comme roi (c'est-à-dire en 1046), dit la chronique de Tours, fut construite en Berry l'église du Saint-Sépulcre, sur le modèle de celle de Jérusalem. »

[1] L'église du couvent d'Estrées-Saint-Genou, aujourd'hui église paroissiale, fut construite en 998 : les bons moines ne partageaient pas la croyance de ceux qui pensaient que la fin du monde arriverait en l'an mille; l'église de Chezal-Benoît fut construite en 1088; celle de l'abbaye de Fontgombault peu après 1093: celle de l'abbaye de Déols, dont il ne reste que le clocher, fut consacrée en 1107 par le pape Pascal II; celle de la paroisse de Neuilly-en-Dun fut construite en 1146.

Les dates indiquées par les chroniques de ces quatre provinces sont faciles à concilier. Il suffit d'admettre que la construction de l'église de Neuvy a été commencée en 1042 et terminée en 1046.

Le fondateur, d'après la chronique d'Angers, fut Geoffroy, vicomte de Bourges. On s'explique difficilement comment Geoffroy construisit cette église sur les terres de son beau-frère Eudes de Déols, avec lequel il était en guerre quelques années auparavant. Les deux beaux-frères s'étaient livrés, sur les frontières du haut et du bas Berry, près de Châteauneuf-sur-Cher, un combat sanglant et acharné, dans lequel le fils d'Eudes de Déols avait été tué par le fils du vicomte de Bourges. Peut-être, comme le dit M. de Raynal[1], cette fondation fut-elle faite pour cimenter la paix et pour expier la mort du fils d'Eudes de Déols.

Ce seigneur venait de faire le pèlerinage de la terre sainte : il avait vu et admiré l'église du Saint-Sépulcre de Jérusalem, et ce fut probablement ce qui lui donna l'idée de bâtir, de concert avec son beau-frère, l'église de Neuvy sur le modèle de celle de Jérusalem.

II. Sur quel modèle fut bâtie l'église de Neuvy-Saint-Sépulchre.

L'église de Neuvy fut bâtie sur le modèle de celle du Saint-Sépulcre de Jérusalem; trois des chroniques que nous venons de citer le disent positivement, et, du reste, pour s'en convaincre, il suffit d'en donner une rapide description.

Cette église se compose de deux parties bien distinctes, une vaste rotonde qui sert de nef et le chœur, dans lequel je comprends le sanctuaire et les deux basses ailes. Pour ne pas abuser des moments si précieux de cette assemblée, je ne dirai rien du chœur, dont l'architecture n'est pas sans mérite, si ce n'est qu'il représente assez fidèlement le chœur des Grecs de l'église du Saint-Sépulcre de Jérusalem. Mais la rotonde et surtout la coupole et le dôme qui la surmontent sont très-remarquables au point de vue archéologique, et je vous demande la permission d'en dire quelques mots.

[1] *Histoire du Berry*, t. I, p. 384.

Cette seconde partie de l'église se compose de deux étages de colonnes superposées, entourés l'un et l'autre d'un déambulatoire et surmontés d'une coupole et d'un dôme. A l'étage inférieur ou rez-de-chaussée, onze colonnes cylindriques, que l'on peut regarder comme le symbole des onzes apôtres fidèles, sont disposées en une claire voie circulaire dont le diamètre est de huit mètres vingt-cinq centimètres dans œuvre, leurs chapiteaux, bien que gravement mutilés, sont encore très-remarquables, ils sont richement sculptés, historiés de figures bizarres, symboliques et grimaçantes, qui représentent les vertus et les vices.

Un déambulatoire, dont la largeur varie de quatre à cinq mètres, contourne cette colonnade. Dans sa partie occidentale repose, étendue sur une espèce de soubassement élevé de trente centimètres au-dessus du dallage, une statue de grandeur naturelle du cardinal Eudes de Neuvy, gravement mutilée par les pèlerins qui la creusent pour en emporter la poussière. Elle accuse le faire du XIIIe siècle. La grande porte de l'église est pratiquée dans la travée nord-ouest de ce déambulatoire; elle est plein cintre, surmontée d'un tympan lisse : les portes sont bardées avec des pentures en fer forgé et composées de rinceaux enroulés et foliés. Des têtes de monstres tiennent les anneaux.

A droite de la grande porte, en dedans de l'église, on trouve une tourelle ronde engagée dans le mur, et à l'intérieur de laquelle on a pratiqué un petit escalier en spirale qui conduit au triforium ou galerie du premier étage et sur la toiture de ce déambulatoire.

Le premier étage se compose d'un triforium percé de baies arcaturées en plein cintre, dont les retombées sont soutenues par quatorze colonnes cylindriques. Ce sont des monolithes qui ont deux mètres soixante et quinze centimètres d'élévation y compris les chapiteaux. Ces colonnes sont moins lourdes que celles du rez-de-chaussée; mais leurs chapiteaux présentent beaucoup moins d'intérêt : un seul, sculpté avec soin, se fait remarquer par des palmes diamantées. Autour de ces quatorze colonnes se trouve une galerie ou déambulatoire de deux mètres trente centimètres de largeur qui sert de tribune; le long pan circulaire qui entoure cette galerie est percé de six petites fenêtres plein cintre et refouillé d'absidioles peu profondes et prises dans l'épaisseur du mur. La toiture de ce déambulatoire est une plate-forme couverte en plomb, qui vient aboutir à la base de la coupole. Du haut de cette plate-forme on aperçoit tous les clochers d'alentour, et la vue se repose délicieusement sur la riche vallée de Neuvy, et de Tranzault, qui fait partie de la limagne du Berry. On aperçoit les ruines du château du Chassain [1], et les tours démantelées du vieux manoir féodal du Lys-Saint-Georges, où Ludovic Sforce fut prisonnier pendant trois ans.

La coupole est percée de huit fenêtres plein cintre avec entablement garni de billettes. A l'intérieur la paroi est ornée de brindilles habilement peintes et exécutées dans le style du monument. Cette coupole a huit mètres trente-quatre centimètres de diamètre. Un vaste dôme, construit en 1850, couronne tout l'édifice. Il a été fait avec beaucoup de soin avec des pots de terre creux reliés avec du plâtre. Il est couvert en plomb, et surmonté d'une croix grecque, en fer, du poids de six cents kilogrammes, supportée par deux boules superposées.

Ce fut à cette église que deux précieuses reliques, un fragment de la pierre du sépulcre de Notre-Seigneur, et trois globules de son sang coagulé, furent envoyées en 1257, par un célèbre cardinal qui était originaire de Neuvy, le cardinal Eudes, homme d'un talent supérieur, d'une vertu éminente, qui parvint aux premières dignités de l'Église, uniquement par son mérite, qui fut successivement chanoine et chancelier de l'église de Bourges et de celle de Paris, abbé du monastère de Grandselve au diocèse de Toulouse, cardinal-évêque de Tusculum, légat en France en 1246, légat dans la terre sainte, où il accompagna saint Louis en 1248. A coup sûr si quelqu'un était en position d'obtenir des reliques de cette valeur c'était bien le cardinal Eudes, l'ami intime de saint Louis, l'ami intime d'Innocent IV, qui l'appelait un homme

[1] Le château du Chassain, qui a été presque entièrement démoli vers 1830, appartenait autrefois à la famille Gigault de Bellefonds, dont étaient issus le maréchal de Bellefonds et Mgr de Bellefonds archevêque de Paris. J'ai vu dans ma jeunesse, à Tranzault, un lit qu'on appelait encore le *lit de l'archevêque*.

selon son cœur[1]. Pour déposer la relique du précieux sang, relique si précieuse qu'il n'y en a nulle part ni dans le diocèse, ni dans le monde entier de plus précieuse, le chapitre de Neuvy fit édifier au milieu de la rotonde une tour ronde, élevée de près de trois mètres, à l'intérieur de laquelle se trouvait une espèce de grotte ou caveau destiné à figurer le sépulcre où avait été déposé le corps du Sauveur. On y pénétrait par une petite ouverture romane fermée par une porte de fer. Guillaume de Cambrai, archevêque de Bourges en 1500, dit que ce sépulcre avait été construit et travaillé sur le modèle de celui de Jérusalem. (Archives de l'Indre.) Cet ædicule fut détruit en 1806 par le curé de la paroisse, des réparations inintelligentes furent faites alors à la rotonde. Pour se préserver du froid on imagina d'élever un plafond entre le rez-de-chaussée et le premier étage, en sorte qu'on n'apercevait plus ni l'étage supérieur, ni la coupole, c'est-à-dire tout ce qu'il y avait de plus beau dans l'église. En 1847, M. Muret de Bord, député de la Châtre, obtint du gouvernement quatre-vingt-douze mille francs pour réparer l'église de Neuvy. Les travaux furent adjugés en décembre 1848 et exécutés en 1849 et 1850, sous la direction de M. de Merindol. On fit alors le pavé, la charpente et la toiture en plomb du déambulatoire du premier étage; on construisit le dôme tout entier et on y plaça la croix grecque qui le surmonte. .

En 1861, en place de l'ædicule dont nous venons de parler, on fit construire au milieu de la rotonde un autel roman pour y déposer le précieux sang. La table de cet autel, supportée par des groupes de colonnes à chapiteaux foliés, abrite la statue du Christ mort; le sommet du tabernacle se termine par une coupole écaillée, dans le style de l'église. Cette coupole est flanquée de quatre lanternons détachés, refouillés de petites baies plein cintre et surmontés de cônes écaillés. Cet autel est dû au ciseau de M. Jules Dumoutet, membre non résidant du Comité des travaux historiques.

M. l'abbé Trumeau, curé de Saint-Christophe de Châteauroux, qui a fait en 1855 le pèlerinage de la terre sainte, m'écrivait à son retour : « bien que l'église du Saint-Sépulcre de Jérusalem et

[1] *Notice sur le précieux sang de Neuvy*, p. 64.

celle de Neuvy aient subi de nombreuses transformations, la ressemblance est encore extrêmement frappante et celle de Neuvy n'est évidemment que la copie de celle de Jérusalem. »

III. Le cloître.

Avant la révolution, il y avait à Neuvy trois églises. Celle dont nous parlons, et qui est aujourd'hui l'église paroissiale, était alors une collégiale desservie par un chapitre. Elle fut, selon l'usage du temps, entourée d'un cloître. Les cloîtres au moyen âge n'avaient pas seulement pour but de maintenir la régularité de la discipline parmi les chanoines; on en faisait de véritables places fortes. Autour de l'église de Neuvy les chanoines avaient laissé une petite rue circulaire de trois mètres, dont la moitié existe encore; cette rue était bordée par les maisons des chanoines, et au delà de ces maisons, pour se préserver et pour préserver leurs précieuses reliques des incursions des barbares et des aventuriers de toute espèce, qui parcouraient alors la France, pillant les châteaux, les églises et les monastères, les chanoines avaient édifié de véritables remparts. On en voit encore des restes assez considérables à droite du sanctuaire, dans la maison de M. Rochoux, maire de Neuvy. Ces murailles ont une épaisseur de un mètre soixante et dix centimètres; au delà se trouvaient de vastes fossés, aujourd'hui convertis en jardins. On pénétrait dans ce cloître par une porte crénelée et à herse. Elle n'a été abattue qu'en 1850, lorsqu'on a ouvert la route d'Argenton à la Châtre. Dans une foule d'actes du XVIe et du XVIIe siècle, il est fait mention des contrescarpes et des fossés du château. En 1523, les habitants de Neuvy se réfugièrent tous dans le cloître et y soutinrent un siége contre des bandes indisciplinées, qui parcouraient le pays et qu'on appelait *les six mille diables.* C'étaient des troupes de François Ier, qui, n'étant pas payées, se livraient dans le Berry à toutes sortes d'excès, enlevaient le bétail, pillaient et incendiaient les maisons. Les habitants de Neuvy leur opposèrent une vive résistance, espérant que Claude de la Châtre et les archers du roi viendraient à leur secours; mais ils n'arrivèrent pas à temps : les six mille diables brûlèrent les barrières et les portes du château, et s'en emparèrent le 23 juin 1523. Quatre personnes furent tuées et dix moururent plus tard de leurs blessures. Lesdits aventuriers furent atteints par les gens du roi à trois lieues de Neuvy, à Saint-Denis-de-Jouhet, quatre furent ramenés à Neuvy où ils furent pendus. Un procès-verbal de ce pillage fut dressé en 1549; c'est une pièce très-curieuse, en voici la copie :

Procès-verbal du pillage de Neuvy-Saint-Sépulchre par les six mille diables.
(1523.)

« A tous ceulx qui ces présentes lettres verront, Jean Arthuys, licentier en loix, conseiller, procureur du roy, étably aux contractz en la ville, prévosté et ressort d'Issouldun, salut. Savoir faisons que, en la présence de Bertrand Néraud, notaire royal, sont comparuz par davant moy, Francoys Raflin, barbier et cirurgien, demourant au bourg de Neufvic-Saint-Sépulchre, éagé de cinquante ans ou environ; M. Pierre Pristemol, prestre, demourant au bourg de Neufvic, éagé de cinquante ans; prudent homme Bertrand Rousselet, marchant, demourant au bourg de Neufvic, éagé de soixante-douze ans; Simon Bonnin, demourant au dict Neufvic, éagé de soixante ans; André Faulcheron, aussi marchant, demourant au dict Neufvic, éagé de soixante-dix ans; Michel Bonnet, cordonnier, demourant au dict Neufvic, éagé de quarante-cinq ans; les quelz et chacun d'eulx, après le serment par eulx faict de dire vérité, ont juré et afFermé, dict et attesté que, en l'année mil cinq cens vingt troys ou environ, eulx estant demourant au dict Neufvic comme encore de présent, sauf le dict Pillorget, que le chasteau et place fort du dict Neufvic fut assiégé par gens de guerre et advanturiers, vulgairement nommez *les six milles diables*, ou autre nombre, les quelz advanturiez praindrent par force le dict chasteau et place fort, entourt l'heure de six heures du soir, qui fust ceste annee la surveille de monseigneur sainct Jean-Baptiste, de manière qu'ils entrèrent dedans le dict chasteau et place fort, après avoir brûlé les barrières et portes du dicte hasteau; disent aussi que eulx entrez au dict chasteau, myrent à mort plusieurs gens d'esglise jusques au nombre de quatre, les quelz moururent sur le champt; c'est assavoir : maistre Pierre Morin, chanoyne de la dicte esglise; Me Jacques Bordeau, marrellier et distribuiteur de la dicte esglise; Me Anthoine Pérard, vicaire de l'esglise de Sainct-Estienne du dict lieu de Neufvic; maistre Jacquin, organiste de la dicte esglise, auquel organiste, après que fut tué et mis à mort, les dicts advanturiez, luy estant mort sur les degrez de la dicte esglise et ayant coppé la gorge, lui donnairent plusieurs coups de poignard après sa mort pour ce que c'estoit mys en deffence à l'encontre des dicts advanturiez plus que les autres; disent aussi que les dicts advanturiez blaisairent plusieurs autres personnes, c'est assavoir : M. Léon Bojon de Blois; Bertrand, prieur de la dicte esglise; M. Jacques de Bellegarde; M. Jacques Triézin; M. Jehan Pernyn, chanoyne; M. François Boyraud; Mgr Bertrand de Nailhac: M. Simon Pineau; M. Bernard de la Girardière et ung homme lay appelé Jean Nicaud; tous lesquelz dessus dicts pour la nocurité des dictz coups décceddèrent peu de temps après, sauf plusieurs autres qui y furent blessez qui sont encore pour le jourd'huy vivans, comme M. Jehan Alabiesse, chaintre de la dicte esglise, qui estoient pour lors; outre disent que ceux qui ne furent point tuez par les ditz adventuriez furent arransonnez et tenuz prisonniers jusques au payement de la dicte ranson qui fut par les dicts advanturiers ditée et taxée, et mesmement le dict aulmounyer de Lys-Sainct-George, qui est encores vivant, avecques M. Pierre Mullon, prebstre et chanoyne en la dicte esglise, aussi vivant, paya pour sa ranson l'acoustrement et habillement d'une fille de mauvaise vie des dictz advanturiez, et bailla sa ceddule a ung marchant drappier du dict lieu de Neufvic, par ce qu'il n'avoist argent. Aussi emportèrent et emmenèrent lesdictz gens d'armes à leur volunté tous les biens meubles qu'il leur peurent emporter du dict chasteau comme chevaulx, linges, robbes, vesselles, or et argent, qu'ils trouvairent, après avoir rompu les cofres estans en la dicte esglise, rompirent les orgues aussi de la dicte esglise. Disent aussi que, suyvant leur fureur, entrèrent en la dicte esglise et firent sortir les gens y estans en les frappant, qui estoient entrez en la dicte esglise pour eulx saulver, rompirent dedans la dicte esglise les cofres d'icelle où estoient les titres et enseignements, par irrision emportèrent hors de la dicte esglise plusieurs faitz, titres, lettres et enseignements, lesquels ils brullèrent et rompirent ainsi que bon leur sembla, devant les degrez de la dicte esglise et emportèrent hors du dict chasteau, et en firent tout ce qui bon leur sembla, pour accomplir le maulvais vouloir qu'ilz avoient envers les dictz gens d'esglise parce qu'ilz avoient fermé leurs portes, espérant avoir les dictz chanoynes secours des gens du roy du seigneur de Nanzay, avec le baron de Chasteauroux et les archiers de la garde, les quelz suyvoient les dictz advanturiez pour les deffaire par le commandement du roy : suivant lequel commandement du roy, les dictz advanturiez furent poursuyvys par les dictz gens du roy, rompuz et chassez : desquelz advanturiez en furent admenés quatre au dict lieu de Neufvic, auquel lieu furent pendus et estranglez pour le dict délict et sacrillége faict par eulx en la dicte esglise. Et d'avantaige le dict Simon Pillorget dict que les dictz advanturiez étans au lieu de Juhet en passant, distant du dict Neufvic de deux grandes lieues, dirent au dict Pillorget qu'ilz venaient de sacager le dict chasteau du dict Neufvic et qu'ils avoient prins tous leurs titres estans en la dicte esglise du dict chasteau, or et argent et autres meubles et qu'ilz les auraient brullez; et ont encores les dis sus ditz atestant ormis le dict Pillorget, parce qu'il n'estoyt au dict Neufvic pour le temps du dict feur, dict confessié et atesté que depuis troys ans en ça, la dicte esglise a esté nuitamment et fortuitement ouverte par gens incognuz, ouvert le cofre du trézor, emporté ce que bon leur sembla, tant or, argent, reliques, titres et enseignements, servans à la dicte esglise qui estoient au dict cofre fermant à troys serrures, assiz derrière le grand hostel de la dicte esglise à main dextre, et ce disent savoir les dictz atestans pour avoir vu les choses dessus dictes estre vrayes, la complainte des vénérables de la dicte esglise et le bris du dict coffre avec plusieurs autres estans en la dicte esglise. Dont et desquelles atestations, déclarations ainsi atestées par les dessus dictz, vénérable et scientifique personne M. Jehan Villain, auhmonnyer susdict, m'a requis et demandé lettre que luy ay octroyé en ceste forme, pour luy servir et valloir en temps et lieu ce qu'il appartiendra par raison, ensemble les dictz vénérable par la voix et organe de vénérable et scientifique personne M. Jehan Néraud, licentié en décret, prieur de la dicte esglise, aussi pour leur servir et valloir en temps et lieu ce que de raison, si comme le dit juré notaire, auquel nous croyons fermement et ajouxtons plenière foy, nous a rapporté les choses dessus dictes estre vrayes, au rapport duquel et en témoing de ce, nous, garde dessus le dict scel royal, avons mis et apposé à ces dictes présentes. Faict au dict Neufvy, en présence de M. Pierre Meignyn, prebstre au dict lieu de Neufvy, et Anthoine Baudon, cousturier, demourant au dict lieu, temoings requis et appelés pour records le 21e jour d'aoust 1549. Signé : Néraud, et Tourau, notaires. »

IV. Les habitants de Neuvy vinrent plusieurs fois chercher un asile sur les voûtes de l'église.

J'ai trouvé aux archives de l'Indre une charte complétement inédite qui constate un fait dont je n'avais jamais vu d'exemple, à savoir que les habitants se réfugièrent non-seulement dans le cloître, mais sur les voûtes de l'église, qu'ils y créèrent des habitations et surchargèrent tellement les voûtes de blé, de vin, de huches, d'arches, de lits et de garnison de ménage, que les voûtes, ainsi surchargées, s'écroulèrent ainsi que le pignon dans lequel ils avaient pratiqué des ouvertures. Les chanoines n'ayant pas les ressources suffisantes pour faire les réparations de leur église, adressèrent une requête au roi, qui donna ordre au bailli de Saint-Pierre-le-Moutier de se transporter sur les lieux. En érigeant le duché de Berry en 1360, le roi s'était réservé les nobles, les églises, les communautés religieuses. Quoique Neuvy soit éloigné de plus de quarante lieues de Saint-Pierre-le-Moutier, il n'y avait pas de juge royal des exemptions qui fût plus rapproché de Neuvy que le bailli de Saint-Pierre-le-Moutier qui avait juridiction sur tous les exempts de l'Auvergne et du Berry [1].

Voici la teneur des lettres du roi Charles IX.

« Charles, par la grâce de Dieu, roy de France, au bailly de Saint-

[1] De Raynal, *Hist. du Berry*, not. prélim. p. 63.

Pierre-le-Moustier ou à son lieutenant, salut. De la partie de nos amés les prieur et chappitre de l'esglise colegial de Saint-Sepulcre de Neuvy, nous a esté exposé en complaignant que, comme ladicte esglise enciennement ait esté fondée et faitte a la plus grant semblance et au plus près que faire se povoit du saint sépulcre de nostre Seigneur qui est oultre mer, et pour ceste cause est appelée l'église de Saint-Sépulcre de Neuvy, autour et près de laquelle esglise, pieca[1] ayant esté fais et esdifliez cloistres, maisons, celiers greniers et aultres esdiffices pour la demourance des chanoines de ladicte esglise, et depuis ycelle esglise estant ainsi esdiffiée et maisonnée, les habitants dudict lieu et des proches d'icelui, pour cause des guerres qui estoyent et regnoyent, audict pays, eussent icelle fait fortiffier et galender, démolis et abatus tous iceulx ediffices. Pour laquelle chose faire yceulx habitans firent parcier la muraille et couverture dicelle esglise, et après se y retrayrent et y firent faire plusieurs logis, et par especial sur les voultes d'icelle, lesquelles ils chargèrent tellement de huches, arches et aultres choses necessaires pour leur vivre et menages, que grant partie desdictes voultes en sont fondues et cheues, et le demourant en feust fondu et cheu pieca, ce ne fust le saintreis que lesdiz exposans ont fait faire soulz icelles voultes : et avec ce firent parcier iceulx habitans le grant pignon de ladicte esglise, tellement que, pour cause d'icelle perceure et desrompement de pierres neyves sur quoy ledict pignon estoit assis, en faisant les fousses autour de ladicte eglise, ycellui pignon est cheu de hault jusques au bas, et si demoura toute descouverte es parties ou ledict dommege avoit esté fait, et tellement que, pour eviter et eschever a plus grant dommage et inconveniant, il a convenu que lesdiz exposans ayent fait faire le clochier d'icelle esglise et toute la charpenterie de ladicte esglise à leurs frais et despens : et encores, se briefvement n'y est pourveu et que les murailles ne soyent reparées, tout cherra et yra à ruyne dedens brief temps; et, combien que par la faulte et coulpe desdiz habitens qui abatirent et destruisirent lesdiz esdif-

[1] *Pieça*, « depuis longtemps ». (Voy. le comte Jaubert, *Glossaire du centre de la France*.

fices, parcèrent ledict pignon et firent ce que dit est, ycelle esglise soit en tel estat, comme dit est, néantmoins obstant ce, et aussi qu'ils se retrayrent eulx et leurs biens, et ont fait depuis par plusieurs fois, et que lesdiz exposans n'ont de quoy refaire lesdictes reparacions, yceulx habitans sont reffusans, contredisans et en demeure de contribuer à icelles reparacions et esdiffices, ja soit ce que par raison, veu et attendu ce que dit est, tenus y soyent, qui est ou très grant grieft, prejudice et dommage desdicts exposans et ou retardement et empeschement du service divin, et seroit plus ou temps à venir, se par nous n'y estoit pourveu de remède convenable si, comme ils dient, requerent iceluy. Pour quoy nous, ces choses considérées, vous mandons, et, pour ce que ladicte esglise est assise et lesdiz habitans demeurent en vostre bailliage, et si estes nostre plus proche juge royal des parties, et qui de ceste mathiere touche l'esglise qui requiert celerité, toutes faveurs cessans, commettons que se, par informations ou autrement, dehument il vous appert de ce que dit est, ou de tant qu'il doive souffrire, contraingnez ou faittes contraindre, viguereusement et sans desport, lesdiz habitans dudict lieu et parochiens de Neuvi, à contribuer, chascun sa possibilité et faculté, aux reparacions necessaires de ladicte esglise, et ad ce commettes certaine personne qui recouvre les deniers qui pour ceste cause seront leves desdiz habitans, pour tourner et convertir en icelles reparacions, et non ailleurs, et qui en saiche rendre compte, et reliqua, quant mestier sera; et se opposicion naist sur ce, faittes aux parties, oyes sommairement et de plain, bon et brief droit. Car ainsi nous plaist-il estre fait, nonobstant quelconques lettres subreptices empetrées ou a empetrer ad ce contraires. Donné à Rouen le dix-neuvième jour de novembre, l'an de grace mil trois cens quattre-vingt-dix-neuf, et le vingtième de nostre règne. »

M. Guillaume de Lamotte, bailli de Saint-Pierre-le-Moutier, ayant été mis en demeure par les chanoines d'exécuter les ordres du roi, envoya à Neuvy Pierre de Luzy, son lieutenant général, qui, après information, ayant reconnu la vérité des faits, imposa aux habitants une taille de 80 livres tournois, ce qu'ils acceptèrent.

puis nomma, à la requête des habitants, quatre répartiteurs et deux collecteurs.

Voici l'acte qu'il dressa.

« A tous ceux qui ces presentes lettres verrons, Pierre de Luzy, lieutenant général de noble homme Monsieur Guilleaume de la Motte, chevalier du Roy nostre sire et son bailli de Saint-Pierre-le-Moustier, des ressors et excempcions de Berry et d'Auvergne, et commissaire du roy nostre dit sire, en ceste partie, salut. Comme les venerables prieur et chappitre de Neuvic Saint Sepulcre se soyent trais à la cour de France, impetre et obtenu du roy nostre dit sire certaines lettres royaulx..... lesquelles lettres royaulx dessus transcriptes lesdiz venerables nous ont presentees et baillees, et requis l'execution et enterinement d'icelles. Par vertu desquelles nous sommes transportés à Neuvic Saint Sepulcre, et illec nous fumes informés dessus le contenu en icelles : par laquelle information il nous est apparu lesdiz habitans et parochiens dud. lieu de Neuvic avoir fortifiee et emparee ladite esglise collegial, et que pour ladicte fortiffication et emparementz le grant pignon, murailles et voultes d'icelle sont fondues et cheus, et que le cloistre diceulx venerables en a esté destruis et dessipés, et que lesd. habitans et parochiens y sont retrays pour le temps des guerres, eulx, leurs biens, bles, vins, litz et garnison de leurs menages, et pour ce lesdiz habitans et parochiens avons fais appeler par devant nous, tant par criee comme autrement, a cest jourd date de ces lettres, pour venir veoir l'enterinement et acomplissement desd. lettres royaulx, auquel jourd'hui ausdiz habitans et parochiens, ou la plus grante et saine partie diceulx, comparens par devant nous, amprès la lecture desd. lettres faicte en leur presance, avons assis et imposé taille de la somme de quatre vins livres tournois, pour tourner et convertir ans reparacions necessaires d'icelle esglise et non ailleurs, à quoy se sont consentis et obtempéré. Pour laquelle taille faire et imposer sur un chacun selon sa possibilité et faculté, avons du consentement desd. habitans et parochiens, ad ce présens, et a leur requeste, commis et ordonne Jehan Hugon, Jehan Maubroigue, Jehan Denis et Jehan Richart, tant pour la ville comme pour la paroisse, lesquelz nous avons fait jurer aus saintes évangilez de Dieu que bien justement et loyaulement ils feront, imposeront et assoiront ladicte taille de quatre vins livres tournois sur un chacun desdiz habitans et parochiens, selon sa possibilité et faculté, appelle avec eulx Jehan Charbonnier, sergent du roy nostre sire; et pour icelle taille lever, cuillir et recevoir ont esté esleus et ordonnes Jehan de la Beaulce et Pierre de la ville aux andreis, laquelle ils ont promis lever et recevoir pour la somme de soizante solz tournois, lesquelz seront tenus d'en rendre compte et reliqua, quand mestier sera : ausquelz Jehan Hugon, Jehan Maubroigue, Jehan Denis et Jehan Richart avons donné et par ces presentes donnons povoir, autoritté et mandement especial de faire imposer et asseoir ladicte taille de quatre vins livres tournois, par la manière que dessus est dit, avecques loyaulx missions et depens qui pour ceste besogne seront fais. Et aussi avons donné et donnons ausd. collecteurs povoir et puissance de lever et de recevoir ladicte taille d'un chacun selon son impost, assiette et avec ce donnons en mandement par ces mesmes lettres aud. sergent du roy nostre sire, ou au premier autre d'icellui seigneur qui sur ce sera requis, de contraindre les rebelles, contredisans et refusans de paier ladicte taille ausdiz collecteurs, un chacun selon son impost, par prise, vente et explectacion de leurs biens et autrement dehument; de ce faire duement donnons povoir aud. sergent. Ce fust fait aud. lieu de Neuvic par nostre lieutenant dessusdict, et donné soulz nostre scel, le mecredi 28e jour de janvier, l'an mille trois cens quatre vins dix neuf. »

Cette charte nous donne l'explication de plusieurs modifications qu'a subies l'église de Neuvy.

1° Cette église, ayant été bâtie de 1042 à 1046, devait être tout entière romane; le sanctuaire devait se terminer par une abside, comme il se termine dans toutes les églises du XIe siècle, comme il se termine dans l'église du Saint-Sépulcre de Jérusalem, sur le modèle de laquelle était bâtie celle de Neuvy. Il n'en est pas ainsi. Le sanctuaire est fermé par un mur droit, au haut duquel on voit une rose polylobée, et au-dessous deux fenêtres longues et étroites. Il est très-vraisemblable que ce mur droit fut élevé après la chute du grand pignon dont il est parlé dans la charte dont je viens de donner lecture. La rose polylobée et les deux grandes fenêtres portent bien le cachet du XIVe ou du XVe siècle.

2° Au-dessus du sanctuaire, il n'y a pour voûte qu'un lambris en bois. La somme de 80 livres tournois, qui fut recueillie d'après la sentence du juge royal de Saint-Pierre le-Moutier, fut certainement insuffisante pour reconstruire en pierre la partie des voûtes qui était tombée, à quelque bas prix que fût alors la journée des ouvriers[1]. Ce fut très-probablement à cette même époque que l'on fit provisoirement ce lambris en bois, avec l'espérance de rétablir plus tard une voûte semblable à celle du chœur, comme l'indique la naissance des nervures que l'on aperçoit entre le chœur et le sanctuaire.

3° Enfin, il y a dans la construction des deux basses ailes qui sont à droite et à gauche du chœur deux choses dignes de remarque, la première, c'est que le mur extérieur de chacun de ces bas côtés est élevé de plusieurs mètres au-dessus de la voûte, de manière que la toiture a le grave inconvénient de masquer les fenêtres du chœur; la seconde, c'est que le long pan du bas côté méridional est percé de deux petites ouvertures qui ressemblent tout à fait à des meurtrières (1 mètre d'élévation sur 7 à 8 centimètres de largeur). L'architecture lourde et massive des basses ailes avec leurs voûtes demi-sphériques semble accuser la fin du XIe siècle ou le commencement du XIIe, mais il est probable que les murs extérieurs n'ont été exhaussés que lorsque les habitants vinrent s'y réfugier et y établir leurs habitations, et qu'ils y ouvrirent des meurtrières pour se défendre contre les attaques des cotereaux, des routiers, des brabançons, des pastoureaux, et de toutes ces bandes indisciplinées d'aventuriers de toute espèce, de cette écume des populations qui parcouraient et ravageaient le pays.

Ainsi la date de la fondation de l'église de Neuvy est certaine,

[1] En 1506, lorsque la tour de la cathédrale de Bourges fut reconstruite, les tailleurs de pierre gagnaient quatre sous par jour, et les manœuvres deux sous et demi.

ce qui est rare en Berry; cette église est la seule du diocèse de Bourges qui soit bâtie sur le modèle de l'église du Saint-Sépulcre de Jérusalem; la charte de 1523 que nous avons citée est une preuve incontestable que le cloître du chapitre de Neuvy a été comme tant d'autres, pendant plusieurs siècles, une espèce de place forte; enfin je n'avais jamais ouï dire que les populations fussent venues se réfugier sur les voûtes d'une église, avec leur blé, leur vin, leurs lits et tout leur ménage, et, à ce dernier point de vue, la charte inédite dont je viens de faire lecture m'a paru digne de l'intérêt des Sociétés savantes.

Imprimerie impériale. — 1866.